CRI DE DOULEUR

D'UN

FRANÇAIS OPPRIMÉ,

OCTOGÉNAIRE,

A DIEU, AU ROI,

ET

AUX AMES SENSIBLES.

ESPOIR

DE PAIX EN FAMILLE.

L'honneur avant tout !

D. O. M.

Gloire à Dieu.	Dieu et le Roi,	Vivent les Bourbons!
HONNEUR AU ROI.	C'EST MA DEVISE.	VIVE LE ROI CHARLES X!

PREMIÈRE DES LETTRES

PIEUSES ET PACIFIQUES

Adressées à l'Imprimerie Daumont, à Versailles.

Lettres écrites dans des vues honorables, et d'une utilité réciproque aux y dénommés; dans un esprit de concorde et de modération, et dans des sentimens nobles et généreux.

Elles seront adressées à tous les amis de la Vertu, de la Religion et des bonnes Mœurs, notamment aux *Versaillais* et *Versaillaises*;

PAR ANTOINE LE TELLIER,

Né le 15 juin 1749, dont les père et mère sont natifs de Versailles, et par lesquels la vertu est héréditaire depuis plus de 150 ans dans cette honorable famille, à présent désignée sous la dénomination de *Le Tellier-Richer-Oré*.

Ses principes sont, JUSTICE INTÈGRE, INDULGENCE ET PIÉTÉ; et, s'il y a tort de part ou d'autre, UNION ET OUBLI.

La paix avec soi-même et avec les autres!

Veni Creator!

Ave Maria! trois fois.

Ces Lettres n'auront de publicité que dans le cas d'une absolue nécessité dans mon intérêt de justice et d'honneur, non pas dans le *vil intérêt pécuniaire* que les *Le Tellier*, les LE TELLIER-RICHER-ORÉ ont toujours dédaigné. *Le Devoir et l'Honneur avant tout!*

Nota bene. Cinq pour cent de ce que je recevrai seront donnés par moi pour les pauvres à M. l'abbé *Fournier*, l'un des Vicaires de la paroisse royale de Notre-Dame, à Versailles.

Versailles, 30 *avril*, ANNÉE JUBILAIRE,
Printemps de l'an de Grâce 1827.

ANTOINE LE TELLIER, *ancien négociant à Paris jusqu'en* 1780, ex-Employé (commis d'ordre) à la Comptabilité centrale *de l'Enregistrement et des Domaines*, *Pensionné du Roi au Ministère des Finances*, depuis le 1er Janvier 1825.

A Monsieur DAUMONT, *imprimeur à Versailles*.

Monsieur,

Je vous prie d'imprimer la présente Lettre et sa suite; et immédiatement après, de réimprimer :

1° Ma Lettre du 17 novembre 1825, à M. Aubry, Juge-de-Paix du nord de Versailles.

2° La NÉCROLOGIE, y mentionnée.

3° L'INTRODUCTION AU PLAIDOYER, etc., du 7 juin 1826, en observant les *Variantes* que les circonstances de mon *statu quo* à Versailles exigent, et que ma délicatesse m'impose.

Je ferai une Addition que je rédigerai durant que vous imprimerez. Ce manuscrit sera laconique, autant qu'il me sera possible; mais utile et fort en raisons propres à déterminer madame veuve Lægendre de céder enfin à mes instances réitérées, et à accepter mon toujours généreux sacrifice. Ainsi soit-il, si Dieu le veut!

Salut et gratitude.
ANTOINE LE TELLIER.

NOTE *nécessaire*.—J'étais, à la fin de 1824, depuis 31 ans et un mois, employé à l'administration centrale (division de la comptabilité de l'enregistrement et des domaines, rue de Choiseul, n° 2., dont le ministre d'état, M. de *Martignac*, était et est encore Directeur-Général).

J'y étais commis d'ordre depuis 1812, lorsqu'il a plu AU ROI de réunir toutes les comptabilités centrales de toutes les *administrations financières* à la comptabilité générale du *Ministère des Finances* (rue de Rivoli). — Réunion qui a été exécutée fin de 1824.

Ma division n'existant plus, je fus mis à la pension (vu mon grand âge). Il m'a été accordé une pension de 1,333 fr. (333 fr. 50 cent. par trimestre) depuis le premier janvier 1825. Pension insuffisante à ma vieillesse et bientôt à ma caducité, dont je sens déjà les atteintes. Je m'arrête ici; j'abandonne les réflexions à faire sur ma malheureuse position à la loyauté, je dirai même *pieusement* à la généreuse sensibilité de ma nièce d'amitié madame veuve Legendre.

J'ai l'honneur de vous saluer, Monsieur,
Et je signe de nouveau, ANTOINE LE TELLIER.

Suite ou Addition à cette première Lettre;

Une seconde, je l'espère, sera inutile; la paix sera faite par celle-ci.

(Il me serait aussi pénible de suivre mon appel à Paris, que j'ai eu de répugnance à intenter mon action en justice à Versailles.)

Je ferai d'abord la déclaration du fait suivant :

Sœur *Saint-Maxence*, fille de la Sagesse, à Angers (à présent âgée de 27 ans), née *Caroline Paves*, fille de feue ma seconde épouse, qui était née en 1761 et est décédée en 1820 (*Edmée-Élisabeth Régnier*), veuve de *François Paves*, qui était fils d'un notaire à Rennes, et marchand cordonnier à Paris.

Mme veuve Paves est devenue mon épouse, non par un frivole amour, j'avais 60 ans, mais bien par reconnaissance pour François Paves, qui était mort mon ami et mon bienfaiteur, dans une circonstance critique de ma vie, qu'une furie avait voulu m'arracher (la reconnaissance est chez moi un devoir sacré) : ma gratitude m'a imposé celui de me remarier, le 6 avril 1807, à la veuve de mon ami, à qui j'avais les plus grandes obligations. Il m'a *logé*, *nourri*, et *sauvé de la mort dont j'étais menacé chez moi par une Furie!* Son épouse était veuve depuis deux ans (durant lesquels j'ai pris, par bienséance, un domicile autre que celui de la veuve de mon ami). Isle Saint-Louis où j'ai reçu mon frère et mon ami, Alexandre Le Tellier, qui pouvait me rendre pour toujours à ma famille........ Mais........ je suis resté négligé par les *miens* : la chère famille dont je suis né......... De *profondes réflexions faites*, je me suis imposé le devoir d'épouser la veuve de *François Paves*, et de me faire le *second père de son fils* (Louis Paves), qui avait, quand son père est mort, 12 à 13 ans, et sa sœur Caroline Paves, 7 à 8. Je me suis occupé jour et nuit de leur éducation morale : ils sont vertueux et dignes du nom *Le Tellier*, le nom de mon père que j'ai ajouté au nom non moins honorable du vertueux *Paves* : ils sont l'un et l'autre *Paves Le Tellier.*

Aujourd'hui ma belle-fille Caroline Paves Le Tellier, à l'âge de 27 ans, est *fille de la Sagesse;* son nom de religion est Saint-Maxence, à Angers.

J'étais devenu veuf le 10 mai 1806, après un trop fatal mariage mal assorti, contracté contre le gré de ma famille. Elle avait raison, j'ai eu tort.

Ce mariage, célébré comme en secret, le 27 décembre 1775, à Rambouillet, dont le curé était mon ami, n'a pas été béni de Dieu, et m'a rendu bien malheureux!

Dieu m'avait cependant donné, le 13 février 1777, un fils qui serait *Louis Le Tellier* : mais Dieu m'en a privé : il est mort en novembre 1780.

Mais, le 25 mai de la même année, Dieu m'avait donné une fille (*Louise-Thérèse*, Theresia ou Odeide, nom romantique à elle donné par *Alfred*, mon ami n° 1er) qui............, d'impérieuses circonstances ont séparé *Alfred* de ma fille *Odeide.*

Ma fille Louise-Thérèse Le Tellier à l'âge de 21 ans a été mariée par mon frère Alexandre et par ma sœur Adélaïde à un Breton nommé *Dorvo*, qui l'a trompée et démoralisée, autant qu'il lui a été possible.

Ma fille (digne *mademoiselle Le Tellier*) est sortie de ma maison, belle et bien élevée, sage, et musicienne; ma fille *Thérèse* en est sortie, en l'an 10 (1801), le......., pure et *vierge*. Elle méritait un autre époux que l'avocat *Dorvo*.

Ma fille est à présent âgée de 47 ans. Divorcée enfin de l'immoral Dorvo, elle est remariée à un gentilhomme *Irlandais;* elle a été honorablement accueillie par les père et mère et le frère aîné de mon gendre, à Dublin, où le mariage qui avait eu lieu à Paris, dans l'hôtel de l'ambassadeur anglais, a été religieusement renouvelé avec pompe. Ma fille est riche, et mère d'une nombreuse famille.

Son époux, pour cause de la santé de sa femme, l'a ramenée en France en 1817.

Ma fille avait été bénie par moi, elle et un fils qu'elle m'a présenté le 10 mai 1810 (4 ans après la mort de ma première épouse). Je lui ai donné mon portrait peint quand j'avais 24 ans, dont elle se pare dans sa nouvelle famille.

Depuis 1817 ma fille habite Toulouse; elle est mère de quatre garçons et de deux filles.

Tout récemment le ministre anglais *Canning* a fait prendre des renseignemens en Irlande (je lui avais écrit à cet égard), et il m'a fait donner *ces informations* par son secrétaire.

Mais, hélas! ma fille est ingrate; que Dieu ne la punisse pas par ses enfans de son manque de piété filiale. Je n'ai pas cessé de la bénir; et je lui pardonne, ainsi qu'à mon gendre, de ne m'avoir donné aucun signe de l'existence de ma *Thérèse*.

Ma fille garde avec moi, depuis le 10 mai 1810, qu'elle est partie de France, bénie par son père au nom de Dieu; ma fille garde avec son père un silence absolu. Je lui ai cependant écrit de Montmartre; j'ai adressé ma lettre à son époux, d'après ce principe bourgeois, *qu'une femme ne doit recevoir de lettres d'un homme, même de son père, que par les mains de son époux.* Je dévore ma douleur, et j'attends que la grâce de Dieu me rende le cœur de ma fille!

Voilà un de mes plus cuisans chagrins. Dieu l'a voulu, et je me résigne.

Je ne suis pas consolé, mais je suis en quelque sorte dédommagé par la piété filiale de ma belle-fille, qui (par mon second mariage) est la sœur de ma fille. Je suis consolé par la vertu chrétienne de sœur Saint-Maxence, qui, à l'approche du Jubilé, m'a écrit ce qui suit :

« Mon Papa, mon bon Père,

» Tu as toutes les vertus d'un *honnête homme*, mais tu n'as pas la vertu d'un *bon chrétien*.

» Je prie Dieu, avec les petits anges qui m'entourent, qu'il te fasse la grâce de te résoudre à
» pratiquer *notre sainte religion*.

» Mon père! écoute ton enfant! Dieu te bénira, et tes malheurs finiront. »

C'est mon espérance. Le plus grand chagrin qui pèse sur mon cœur est celui que j'endure de la *discorde* qui existe dans ma famille : j'espère que la *paix* et l'*ordre* vont y succéder. Que Dieu le veuille!

Je vais continuer cette addition à ma lettre *pieuse* et *pacifique*.

DIEU a exaucé la Prière de ma fille *Caroline Paves!*

DIEU a exaucé la prière de ma fille *Caroline Paves*, et des *soixante-dix petits Anges qui l'entourent* (filles pauvres, à qui elle est chargée d'enseigner ce que je lui ai fait apprendre, la *couture* et la *lingerie*).

Je n'ai pas abandonné ma religion, mais je ne l'ai que trop négligée depuis ma première communion, à l'âge de 11 ans au collége des Genovéfains à Nanterre; je ne me suis approché de la Sainte-Table qu'une fois depuis mes deux mariages, en 1812; absous jusque-là par un bon prêtre, le curé de la paroisse de Saint-Louis, rue Sainte-Croix, près du lycée de Henri IV. Il est décédé; mais j'ai trouvé à le remplacer à Versailles, en M. l'abbé *Fournier*, l'un des vicaires de Notre-Dame, à Versailles.

Dieu m'a justement puni de cette froideur en religion: *Dieu* m'a justement puni par de longs malheurs qui vont finir, je l'espère, par la grâce de *Dieu*, de *Jésus-Christ* son fils, notre *Sauveur*, et du *Saint-Esprit*, qui est celui de *l'un* et de *l'autre*. *Gloire au Père! gloire au Fils! gloire au Saint-Esprit!* dont le souffle divin répand la charité dans les cœurs, et les remplit d'une céleste lumière.

J'adore et j'espère. *Amen!*

Je reconnais que j'ai mérité l'affliction qui pèse sur mon cœur, et que j'éprouve par des difficultés dans mes affaires, qui seraient insurmontables sans le secours d'EN HAUT.

Ces difficultés sont celles qui existent pour moi dans les successions de mes deux frères. Mon aîné de 7 ans, *Jean-François*, mort à l'âge de 48 ans, riche de 300 mille fr., dont le quart m'a été donné par son testament, du jour même de sa mort, arrivée hélas trop tôt le 8 novembre 1790.

Et d'autres difficultés, non moins grandes pour moi, dans la succession plus récente de mon puîné de 4 ans, Alexandre-Marie Le Tellier de Sainteville, mort presque subitement, à 5 heures du soir, à l'âge de 72 à 73 ans, il y aura deux ans le 31 octobre de la présente année jubilaire 1827.

Sa succession devrait se partager par tiers entre moi Antoine, et ma sœur Adélaïde, nos neveux Bluteau, enfans de ma sœur Marie-Catherine Le Tellier, femme Bluteau, qui était décédée avant Jean-François Le Tellier dont elle était l'aînée: nous avons été six, 3 frères et 3 sœurs; nous restons ma sœur Adélaïde et moi Antoine.

Dieu m'a inspiré de faire pendant ce beau printemps, au saint temps de carême, les pâques de l'an de grâce de 1827; le voyage *pieux* et *pacifique* dont j'ai à rendre compte à Dieu et aux hommes.

Je suis depuis un mois dans la cité de Versailles, où sont nés mes père et mère, où j'ai le jeudi et le samedi saints visité les restes mortels de M. Legendre et de mon frère Alexandre. J'ai pleuré sur leurs tombes, que je visiterai souvent, et j'ai promis à leurs mânes de rester à Versailles jusqu'à ce que, par la grâce de Dieu, et la force de mes raisons, dictées sans doute par l'esprit divin que je n'ai pas en vain invoqué, par le Saint-Esprit, la droiture du cœur, le bon sens, la saine raison, par l'équité et l'honneur; jusqu'à ce que la paix, l'union, la concorde soient rétablies dans ma famille.

Sur ces tombes, que j'ai arrosées de mes larmes, j'ai promis, j'ai juré aux mânes de M. Legendre et de mon frère, de rendre compte et de faire connaître, s'il le faut, par tous les moyens ouverts à la publicité, de rendre compte à Dieu et aux hommes de ma vie tout entière, sous le rapport *religieux*, *moral*, *civil*, *civique* et même *politique*.

Je commence aujourd'hui ce compte naïf et vrai, suivant mon caractère connu et éprouvé, qui est celui dont j'ai reçu l'exemple de mon vertueux père, *Bonhomme* par excellence. Je ne dissimulerai pas mes fautes, dont je demande pardon à Dieu, que j'ai seul offensé.

Grâce à Dieu mes fautes n'ont nui qu'à moi. Je n'ai fait de mal à personne, et Dieu a voulu que je pusse faire et que j'aie fait beaucoup de bien.

J'ai fait tout le bien à moi possible, même au péril de ma vie. J'ai, toute ma vie, par orgueil, peut-être, Dieu me le pardonnera, fait le bien pour le mal. C'est la vengeance des *Le Tellier*, des *Le Tellier-Richer-Oré*.

J'ai toujours agi en digne *Le Tellier*, en digne fils de mon père et de ma mère, en digne frère des deux amis que le Ciel m'avait donnés (*un frère est un ami que nous a donné la nature*).

J'ai été fils *pieux*, tendre et bon frère ; je me suis dévoué pour eux : j'ai préféré *à tout* le *devoir*, l'*honneur* et *la douce amitié*.

J'ai prouvé dans mon âge tendre, et toute ma vie, *ma bonne amitié* à la sœur qui me reste, mon *Adélaïde* (dont je suis l'aîné d'un an et demi), ma sincère et constante amitié ; que ne puis-je en obtenir la réciprocité !

J'ai droit à son estime, je pourrais dire à sa gratitude : j'ai toujours été pour elle, et je serai pendant toute ma vie pour elle un bon frère, un véritable ami, et cependant..... Mais je ne suis pas venu à Versailles (tout près de sa résidence à Gally) pour me plaindre et pour accuser qui que ce soit de ma famille du sang ou adoptive, moins que tout autre, ma sœur que j'aime malgré tous ses torts envers moi, qui sont tels que, peut-être, ils feront toujours le malheur de ma vie.

Je reviens à mon objet, dont ma sensibilité m'écarte malgré moi ; je reviens à mon *pieux* et *pacifique voyage*, que Dieu m'a commandé, et dans lequel sa grâce m'accompagne.

Ce voyage a déjà duré un mois depuis le 3 avril (sauf quelques jours, pendant lesquels mes affaires m'ont rappelé momentanément à Paris).

Me voilà dans la cité où mes père et mère sont nés, où la mère de ma mère a été *inhumée*, MOI PRÉSENT ; et le nombreux cortége de parens et d'amis qui suivaient avec le deuil du cœur, ce corps plus vieux en vertus qu'en années : elle approchait de 80 ans ; me voilà à Versailles (avec mes principaux papiers et pièces historiques de ma vie et de celle de tous les *Le Tellier*)..... les lettres de ma mère et de mes frères, et tous les documens nécessaires à mon travail (qui suppléera sans les remplacer aux nombreux et volumineux papiers brûlés dans la chambre mortuaire de mon frère Alexandre, avant et depuis le 15 novembre 1825, par le notaire Mᵉ Duverger-Devilleneuve, MOI ABSENT.)

J'ai à Versailles la partie principale de ces papiers et documens nécessaires à mon travail par écrit, et le secours de la presse, dont je suis obligé de me servir, à l'exemple de mon frère aîné.

(Une presse, à la Bonne-Fontaine, était son secrétaire).

Je dis donc que je suis parti de Paris pour Versailles, le 3 avril de la présente année *jubilaire* 1827 (*a*) : à midi, je suis arrivé à deux heures. Aussitôt *Dieu* m'a inspiré une bonne action ; je suis allé à la *geôle* (maison de justice du département de Seine-et-Oise) ; j'y ai visité un voisin, qui y était détenu *prisonnier* pour suspicion de vol, escroquerie (police correctionnelle) ; je le connaissais peu ; mais il était à Monceaux mon voisin porte à porte, et je me suis dit :

(*Il suffit qu'il soit homme et qu'il soit malheureux*), la charité commande. *Il était innocent*, m'a-

(*a*) Une bonne action n'est jamais perdue ; je l'éprouve dans une autre circonstance, dont je parlerai plus tard. Une bonne action en 1820, me procure une ressource précieuse en 1827.

t-il dit ; « je suis calomnié, j'ai été pris pour un autre, effectivement auteur du vol dont je suis » accusé. A Pontoise, où j'ai d'abord été traduit, j'ai pu me défendre moi-même, *et j'y ai été* » *acquitté*.

» M. le procureur du Roi s'est rendu appelant à la police correctionnelle de Versailles. J'ai à » Versailles un défenseur, M. l'avocat *Gauthier* ». Je suis allé à son cabinet, rue des Réservoirs, n° 14 ; je me suis présenté comme m'intéressant au prévenu, nommé *Delafargue*, qui m'avait dit être innocent.

« M. Delafargue, m'a dit M° Gauthier, sera jugé demain (mercredi 4 avril) ; demain le matin quel- » qu'un de sa part doit m'apporter mes honoraires qui sont de 60 fr. en cause d'appel ». *Je savais qu'il y avait impossibilité*. Je me suis empressé (en me nommant) d'offrir de payer pour lui, mais seulement vers le 10 de juillet prochain.

« Je défendrai M. Delafargue », m'a dit M. l'avocat, qui n'a pas voulu que je misse ma promesse par écrit : « Votre parole me suffit », m'a-t-il dit avec la noble politesse qui le caractérise.

Il a ajouté : « Votre nom est *Le Tellier ?* je suis chargé par le fermier *Muret* de le défendre contre une demande formée par une demoiselle *Le Tellier* à Gally, qui est demanderesse. »

» Ce ne peut-être ma sœur, ai-je dit. C'est, m'a-t-il répliqué, mademoiselle *Olympe Le Tellier* ».

Je suis resté fort étonné, et de suite j'ai manifesté le désir d'entendre plaider cette cause, qui, de remise en remise, devait être plaidée par M° *Benoist*, avocat de mademoiselle *Olympe Le Tellier*. Le mercredi 18, mes affaires m'ont rappelé à Paris ; j'y ai beaucoup réfléchi, et suis revenu à Versailles le 17, veille de la plaidoirie des avocats *Benoist*, demandeur, et *Gauthier*, défendeur.

Le 18, de grand matin, j'étais dans le cabinet de M° *Gauthier* (j'avais trouvé, chez lui, tout ouvert) ; il est venu à moi un peu surpris. Je l'attendais dans son vaste et beau cabinet. Je me suis levé et lui ai dit : « Monsieur l'avocat, mademoiselle *Olympe Le Tellier* est ma nièce, parce qu'elle a été adoptée par ma sœur, qui réside à Gally. J'ai réfléchi que c'était une affaire à arranger, je viens vous prier de consentir à remettre encore la cause. »

« Volontiers, me dit l'avocat *Gauthier* ; mais je crois que M° *Benoist* voudra plaider, et c'est au- » jourd'hui la dernière remise ». En effet, je suis allé trouver l'avocat *Benoist* avant que l'audience de la 1re chambre fût ouverte, et M° *Benoist* m'a déclaré qu'il voulait plaider.

J'ai entendu les plaidoieries.

J'ai été surpris de ce que, pour appuyer le droit d'*Olympe* contre le fermier *Muret*, tout voisin de ma sœur ; j'ai été étonné, dis-je, d'entendre M° *Benoist* plaider que mademoiselle *Olympe Le Tellier* était en possession ; que le Roi lui avait donné la jouissance du petit domaine de Gally, petite métairie où M. de Sainteville a dépensé beaucoup en réparations et embellissemens, non pas pour accroissement de produit, mais pour agrément. Cette petite métairie est contiguë à la ferme de Gally, qui a été incendiée, et que Dieu a sauvée, ainsi que ma sœur, voisine de cette ferme.

Je suis allé dire, tout bas à M° *Gauthier* que M° *Benoist* était dans l'erreur ; que c'est à ma sœur que le Roi a donné, pour sa vie, l'usufruit de ce petit domaine. — Aussitôt l'avocat du fermier a articulé ce fait aux juges qui étaient de bout aux opinions. Ma nièce *Olympe Le Tellier* a été déboutée de sa demande, qui d'ailleurs était mal fondée.

M° Benoist s'est écrié : — *Le bon oncle* ! Oui, monsieur, ai-je répliqué de suite, et aussi fort haut. « Je vous ai dit que je voulais que ma nièce transigeât ; je ne veux pas qu'elle usurpe. »

M° Benoist est resté déconcerté.

MA SŒUR !

M° *Benoist* aura rapporté ce fait à *Olympe*, qui m'en veut, sans doute ; *mais pourquoi mentir, et faire mentir son avocat ?*

Ma sœur, voilà ce qui s'est passé; fais ma paix avec *Olympe*, et transigeons avec madame *Legendre*.

Je crois bien que tu ignorais cette procédure faite par *Olympe*, en bonne intention, sans doute! A ce mal il y a remède.

Je finis en t'embrassant de tout mon cœur, et je suis ton frère et ton ami, ANTOINE LE TELLIER.

P. S. Je suis certain que ma sœur m'approuvera, ainsi que ma démarche du lendemain jeudi 19 à la ferme de Gally, où je suis allé et en suis revenu à pied, ce qui est à mon âge une grande fatigue. Madame Muret était allée à Paris.

J'ai dit à son mari que j'y retournerais. J'arrangerai cette affaire, et tu vivras en bonne intelligence avec de bons voisins, qui te respectent et t'honorent, et qui consentiront volontiers à ce que tu jouisses des 14 arpens comme mon frère en a joui jusqu'à sa mort, sauf peut-être une modique augmentation du prix du loyer.

Hélas! que ne vit-il encore; mais Dieu l'a voulu; résignons-nous, et vivons en paix comme de bons parens. *Ainsi soit-il!*

Ici je signe,

Suivent les Copies indiquées par la Lettre d'Antoine Le Tellier à l'Imprimerie Daumont.

1re Copie.

ANTOINE LE TELLIER, pensionné du Roi au Ministère des finances, Direction générale de l'Enregistrement et des Domaines,

A MONSIEUR LE JUGE-DE-PAIX, DEPUIS 34 ANS, A VERSAILLES.

Monsieur le Juge-de-Paix,

J'adore Dieu et je vous salue avec respect, ce matin, dans mon lit.

Monceaux, 17 novembre 1825.

Vous avez bien voulu m'écrire le 11, en réponse à ma lettre du 9 du présent mois. Votre lettre est arrivée le 14, à 11 heures et demie; j'étais à Versailles à onze heures, avec mon ami et bon voisin *Marchal*, qui a 34 ans, que j'appelle mon fils, ancien militaire; il a été caporal 5 ans dans les sapeurs du génie, et 6 ans dans la garde du Roi Louis XVIII.

En arrivant, le 14, je suis allé avec *Marchal* chez mon notaire, M. Delapalme, je ne l'ai point trouvé; nous sommes allés Marchal et moi chez ma nièce d'*amitié*, madame veuve Legendre, née Chartrin; nous avons pleuré ensemble; elle m'a dit, *en affaires*, seulement d'aller voir son notaire, M. *Duverger-Devilleneuve.* Nous avons jugé à propos de retourner chez le mien, pour presser la remise qu'il avait à me faire de l'expédition du testament de mon frère, le Chevalier de SAINTEVILLE.

Ensuite, chez vous, M. le Juge-de-Paix, vous m'avez dit m'avoir écrit. Je ne pouvais pas avoir reçu votre lettre qui est arrivée tardivement, de sa date du 10; ma sœur PAVES, née Hurel, ne l'a reçue que long-temps après notre départ de *Paris* pour *Versailles.* Alors seulement (car madame Legendre ne nous en avait rien dit) j'ai appris de vous qu'elle avait fait commencer la levée des scellés. (Je n'ai pas besoin de vous réitérer notre étonnement.) Le franc militaire vous a dit, dans son bon sens villageois, que « LA FAMILLE AURAIT DU ÊTRE APPELÉE, » ce sont ses naïves expressions.

Mon frère est mort le 31 octobre, à quatre heures du soir; c'est sans doute la date de votre procès-verbal des scellés apposés en présence du défunt, et par vous d'office, sur l'avertissement de l'honorable M. Leleu de Lafontaine, juge à Versailles.

Madame veuve Legendre, dont j'estime le caractère et honore la sensibilité, a fait mettre dans les billets d'enterrement (où je ne pouvais pas assister, M. de Lafontaine ne m'ayant écrit que le 1er novembre, de la part de ma sœur; ... lettre reçue le 2, une heure avant celle de la triste cérémonie) : Mon frère n'a reçu que les honneurs militaires; et on a fait erreur sur la date de son décès et sur son âge.

Mon frère Alexandre Le Tellier était décédé le 31 octobre 1825, vers 5 heures du soir; j'aurais dû être averti de ce malheur, la mort d'un ami, d'un frère bien-aimé, qui m'aimait et m'estimait. — Il fallait m'envoyer, dans la nuit du 31 octobre au 1er novembre, faire monter à cheval le cocher de mon frère; je serais venu l'embrasser mort, et jeter des fleurs sur sa tombe, que j'aurais arrosée de mes larmes.

La piété filiale de ma bonne nièce d'*amitié*, dans ce moment de trouble, lui a fait prendre dans l'imprimé le doux titre de fille du défunt.

Elle est en effet, depuis son âge de 18 mois, notre parente d'*amitié*, l'enfant chéri de toute la famille dont je suis l'aîné depuis 35 ans, et dont je n'ai pas été le moins affectionné pour elle.

Après les larmes, et même tout en larmes, on s'occupe d'*affaires*.

Elle n'avait plus avec elle mon *parent*, son mari (1); il me donnait

(1) M. Legendre est décédé le 18 avril 1825, environ 6 mois avant mon frère Alexandre. S'il eût vécu, l'honorable M. Legendre, quelle différence pour les intérêts des héritiers du sang!

ce titre. Sa veuve et moi l'avons pleuré ensemble, aussitôt qu'elle m'a informé de sa mort, long-temps avant celle de mon frère, qui, dans quelque papier, aura désigné son successeur au titre de son exécuteur testamentaire, et peut-être même révoqué l'acte à lui surpris le 5 mars 1821, ou fait un codicile qu'on a pu supprimer : tout donne lieu de le soupçonner (1).

Madame veuve Legendre, *en affaires*, s'est livrée à la direction du dépositaire du testament du 5 mars 1821.

J'ai beaucoup à me plaindre de ce fonctionnaire public.

C'est à son occasion que j'ai, à l'instant de mon retour à Paris, le 16 à dix heures du matin, écrit à madame Blouin ce qui suit :

« Madame et sincère amie,

» Vous verrez dans le journal de cette cité (du 19 novembre 1825), » comment je me venge, en LE TELLIER, des outrages que je re- » çois dans le domicile mortuaire de mon honoré et bien-aimé frère, » votre ami et le mien.

ANTOINE LE TELLIER. »

« A Versailles, 10 heures du matin, à l'instant de mon retour à Paris. »

Je ne suis pas parti sans aller chez M. Delapalme requérir de lui l'expédition du testament de mon frère, qu'il n'avait pas encore la veille, 15, le matin, du moins ; il ne l'avait pas encore le 15 au soir, car lui-même, que j'ai eu l'honneur de voir, m'a dit de revenir le 16.

Il a été convenu qu'il le laisserait à son étude, où il m'a été remis le 16, à onze heures du matin. J'ai monté en voiture, et j'ai lu en route.

. . . .

(1) Cette conduite à mon égard prouve la volonté d'écarter tous témoins intéressés à la conservation de ce qu'on a pu trouver écrit de la main du défunt.

C'est ainsi qu'on envahit, qu'on usurpe, qu'on dépouille les absens !

Note de ce jour 18 mai 1827, en relisant ce que je fais réimprimer.

Arrivé au pavillon Durandin, au bout du Cours-la-Reine, j'ai écrit à mon notaire, qui voudra bien vous communiquer ma lettre.

Le moment n'est pas venu de vous exprimer mes griefs (1).

Vous me dites dans votre lettre du 11 que vos opérations sont un acte conservatoire.

« La pensée, tous les documens honorables de la vie d'un bon » Français; ses relations cordiales avec sa famille » (les miennes surtout très-importantes, même sous le rapport du vil intérêt pécuniaire) étaient, à l'égard de la mémoire du défunt, la plus précieuse de ses propriétés.

En famille, la plus chère à nos cœurs.

Je ne dis que cela à mon réveil.

ANTOINE LE TELLIER,

CONTINUATEUR *de mon frère aîné*, JEAN-FRANÇOIS LE TELLIER, *décédé le 8 novembre 1790, aîné de l'honorable famille LE TELLIER-RICHER-ORÉ.*

Domicilié rue des Dames, maison Thierry, à MONCEAUX, près Paris.

Logé à Versailles à l'auberge dit hôtel de Bourgogne, rue du Bel-Air, n° 2, *carrefour Charost,* au printemps de 1827, année jubilaire, où je resterai jusqu'à ce que j'aie perdu toute espérance de conciliation.

---

(1) Note d'Antoine Le Tellier, en relisant ce qu'il fait réimprimer. Ma première Lettre pieuse et pacifique est datée du 30 avril, mais il y a eu retard nécessaire dans cette réimpression; la date de son émission sera écrite et signée à la fin du présent imprimé.

Suite de la Note du 18 mai 1827. — L'*Historique* dont Antoine Le Tellier a tenu journal exact sera la matière d'une seconde lettre,

Si j'éprouve une obstinée résistance.

Cette historique sera la *vérité pure*. Vérité qui est dans mon caractère :

J'ai le mensonge en horreur!

Je ne suis pas *hypocrite* ni de *religion* ni de *vertu*.

Je suis *verax* et BONHOMME, ce mot pris dans une bonne acception.

Je sais que le mot *bonhomme* prête au ridicule, mais je le brave. Les Le Tellier ne sont pas rieurs. Je dis et dirai sérieusement la pure vérité, en homme d'honneur.

Antoine *Le Tellier*.

2e *Copie.*

NÉCROLOGIE.

Du dernier né des six enfans de M. *Jean* Le Tellier, né à Versailles, fils d'un notable bourgeois de cette ville, marié en 1740 à mademoiselle Richer, aussi native de Versailles, fille de M. et Mme Richer, née Oré, décédée à Versailles, à l'âge de 80 ans; de ces trois noms se compose la dénomination de la famille de la notable bourgeoisie de Paris et de Versailles, Le Tellier-Richer-Oré.

Notification de décès par le soussigné *Antoine-Marie* Le Tellier, né à Paris, le 15 Juin 1749 (aîné depuis 35 ans, du jour du décès de M. *Jean-François* Le Tellier, architecte et maître maçon, entrepreneur des bâtimens du Roi et de la nouvelle église de Sainte-Geneviève; propriétaire de l'imprimerie ducale et de la Gazette politique et littéraire de Deux-Ponts; concessionnaire du château de la *Bonne-Fontaine*, près de cette ville ducale; réédificateur de ce château, par respect pour la mémoire du Roi de Pologne, décédé duc souverain de Lorraine, parce que le Roi Stanislas y a résidé et en était propriétaire à l'époque de la bataille de Pultawa; fondateur et propriétaire, jusqu'au 20 décembre 1784, de l'imprimerie de Kehl pour les Œuvres de Voltaire, avec les caractères de Baskerville; décédé à Paris, le 8 novembre 1790, à l'âge de 48 ans, ayant, le jour même de son décès, testé en faveur de ses frères, sœur et neveux, nés d'une Le Tellier et de M. Bluteau, officier du gobelet, dont le fils Bluteau aîné est à présent huissier à la bouche du Roi. M. Bluteau, aussi natif de Versailles, informe les habitans de cette ville (département de Seine-et-Oise) du décès arrivé le 31 octobre 1825, entre 4 et 5 heures du soir, presque subitement, et inhumé le 2 novembre à midi; de son frère, troisième des fils de *Jean* Le Tellier, et dernier né de ses six enfans;

A l'effet d'honorer la mémoire des Le Tellier-Richer-Oré, et de M. *Alexandre-Marie* Le Tellier de Sainteville, chevalier de l'ordre royal et militaire de Saint-Louis, chef de bataillon, capitaine retraité, pensionné du Roi en qualité d'ex-porte-malle de S. A. R. Monseigneur le comte d'Artois, et inspecteur honoraire des domaines ruraux de la couronne, à Versailles.

Cette famille, honorable de père en fils par la plus éminente vertu, n'a point d'héritier mâle; le nom va s'éteindre, mais la mémoire des Le Tellier-Richer-Oré vivra dans le souvenir des générations de la cité de Versailles (1).

Antoine LE TELLIER,

Pensionné du Roi au Ministère des finances.

---

(1) Note du 18 mai 1827. — Sortant de chez madame Blouin, le 15 novembre 1826, indigné des outrages que je venais de recevoir de la part du notaire Duverger-Devilleneuve dans la chambre mortuaire de mon frère Alexandre Le Tellier de Sainteville, je suis allé faire insérer cette Nécrologie dans le Journal de Seine-et-Oise (je l'ai tracée rapidement sous les yeux du rédacteur du Journal, qui était un membre de la Légion d'Honneur.)

Dans cette Nécrologie j'ai placé des faits relatifs à la difficulté que j'éprouve dans la succession de mon frère *Jean-François Le Tellier*, mon aîné de sept ans; c'est ce que j'appelle ma première affaire, l'Affaire Beaumarchais, à Paris. Affaire qui a une intime liaison avec l'affaire de la succession de mon puiné de quatre années, mon frère *Alexandre-Marie Le Tellier*.

Toutes ces Dates et Anecdotes sont très-importantes.

Et je signe ici.

5e *Copie.*

INTRODUCTION

AU PLAIDOYER DE L'AVOCAT BRIAUNE

Pour la première Audience dans l'Affaire de la Succession de

M. LE TELLIER DE SAINTE-VILLE,

Décédé à Versailles le 30 Octobre 1825.

Antoine LE TELLIER a formé demande en nullité du prétendu Testament de son frère *Alexandre* LE TELLIER, du 5 mars 1821, pour vices de forme et moyens au fond.

Audience du mercredi 7 juin 1826.

Laus Deo! — DIEU ET LE ROI, C'EST MA DEVISE. — Vive le Roi!

LE PRESQUE OCTOGÉNAIRE

ANTOINE LE TELLIER

AU ROI

ET AU TRIBUNAL CIVIL DU DÉPARTEMENT DE SEINE-ET-OISE, A VERSAILLES.

Augustes Magistrats!

Au nom de Sa Majesté Charles X vous rendez la justice à ses Sujets.

Je suis demandeur en nullité du testament reçu le 5 mars 1821, à la réquisition de mon frère *Alexandre-Marie* Le Tellier de Sainteville, par un notaire de Versailles (1).

(Je dirai seulement *Alexandre*, comme je me nommerai seulement *Antoine*.)

Je nommerai à la fin du présent les auteurs de ce prétendu testament.

Il semblerait, aux termes de cet acte testamentaire, qu'il aurait été dicté mot à mot par mon frère à l'honorable notaire Me Brian, beau-père de Me Benoist, avoué et avocat de mes adversaires ; et que les quatre témoins nommés à la fin de cet acte auront toujours été les mêmes.

Je n'impute aucun tort au bénévole Me Brian : il a sans doute la capacité et tout ce qui constitue la fonction, la profession, la dignité de notaire.

Heureusement pour moi et mes cohéritiers, que, dans l'état de santé (Me Brian était malade : je le tiens de lui-même) et le trouble à lui occasioné par l'entourage du *patient* (si malencontreusement *influencé :* j'adoucis l'expression), le notaire a pu négliger de faire mention de la variation des témoins, et en faisant mention de cette variation, certifier que l'acte avait été lu et relu avant

(1) Note du 16 mai 1827. — Mon avocat Me Brianne, auquel j'ai remis avant l'audience cet imprimé sortant de dessous presse, que j'avais rédigé à la hâte; mon avocat, dis-je, avait obtenu de M. le Président, pour moi, permission de lire mon imprimé (que j'avais distribué avant l'ouverture de l'audience) devant MM. les Juges et devant M. le Substitut du procureur du roi, et à Me Lesieur, mon avoué, qui de suite l'a transmis à Me Benoist.

Je répète : Le 7 juin 1826, Me Briaune avait demandé et obtenu pour moi la permission de faire lecture de mon imprimé sortant de dessous presse.

J'ai commencé les premiers mots : *Augustes Magistrats !*

M. le Président m'a coupé la parole, et a dit à mon avocat Me Briaune : Dites succinctement les faits. — Les plaidoiries ont commencé.

Je sais faire des procès-verbaux. Je donnerai au besoin celui de toute cette première et seule audience, et je ferai connaître Me *Benoist*, qui devrait n'être qu'un *Avoué* ou *Procureur*. Il a prévariqué comme *Avocat !* Je suis sa victime. Je m'arrête ici.

Antoine *Le Tellier*.

la signature, *au témoin survenu à l'improviste, si toutefois il n'y a eu qu'un témoin de réformé et un seul survenant;* et D'AILLEURS a pu laisser introduire dans l'acte qu'il a écrit, des vices de forme suffisans pour que l'auguste tribunal qui veut bien m'entendre prononce la nullité de cet acte *informe, mensonger, illégal* et *immoral;* ce qui sera démontré par mon avocat, qui est digne et capable, mais seulement environ trentenaire; qui, jeune encore, saura combattre son aîné, l'éloquent défenseur de mes adversaires. Il aura, je l'espère, l'honneur de le vaincre : mon bon droit sera plus fort que l'éloquence de Me Benoist.

Le barreau de Versailles prêtera toute son attention à une cause qui pourrait prendre le titre de CÉLÈBRE, si cette affaire de famille, pour moi, pour les survivans de mes ancêtres versaillais, avait, par une absolue nécessité, tout le développement dont elle est susceptible.

Quant à moi, confiant en la pieuse religion de l'honneur et de la justice, dont M. le Président et mes autres juges appliqueront le divin, le royal exercice dont ils sont chargés par S. M. Charles X,

Je me crois certain du succès de ma cause : je veux dire de ma juste demande, qui me sera équitablement octroyée.

Je suis demandeur; j'ai un avoué qui n'a rien écrit.

Mes adversaires ont un avoué qui a fait écrire dans son étude une requête que j'ai lue; elle est du 28 avril dernier.

Cette requête est injurieuse pour moi : mais on m'a dit que c'était de forme, de style banal dans cette nature d'affaire; je ne m'arrêterai pas à repousser l'offense, et, surtout, je ne troublerai pas les cendres de mon frère par des injures impossibles à ma bouche, à ma plume, à mon cœur.

Je dois dire que de trois qui restaient de six nés de *Jean* LE TELLIER, entrepreneur des bâtimens du Roi, à Paris, et dans tous les travaux qu'il a faits ailleurs à ce titre, qu'il était connu, et par la généralité des ouvriers, comme *Le Tellier-l'honnête-Homme;* ils le désignaient ainsi (*vox populi*).

Louis XV visitant ses travaux à la Muette et ailleurs, disait : *Où est mon Le Tellier? L'estime est l'amitié des Rois!*

Mon père était l'ami du ministre *d'Argenson.*

Il était né vers l'an 1706, et était fils d'un boulanger à Versailles, dont ma mère était aussi native, et qui m'a dit que le père de mon père était assez riche et bienfaisant pour donner une fournée de pain par semaine aux pauvres de Versailles (1).

Il a élevé son fils pour être architecte. Il est venu à Paris l'épée au côté, et n'a pris la perruque ronde que pour être l'égal et l'associé du millionnaire Oré, mon grand-oncle maternel.

Il était bon par excellence, sujet dévoué,

Noble de vertu de père en fils depuis Henri IV.

Je suis Antoine *Le Tellier,* né au Louvre le 15 juin 1749, où mon père et ma mère avaient leur logement à l'œil-de-bœuf, au-dessous des fleurs de lys d'or, retirées pendant l'interrègne.

Mon père, entrepreneur avec son oncle Oré, frère de mon aïeule maternelle madame....... *Richer,* née *Oré* (2), était dans le bâtiment appelé *Le Tellier-Oré.*

Mon frère aîné, *Jean-François,* à la mort de mon père, en 1764 (j'avais 15 ans), a succédé à mon père, non pas dans les travaux du Vieux-Louvre, dont la première et considérable restauration, il faut dire reconstruction, de deux des quatre côtés de cet ancien palais de nos Rois; ces travaux étaient finis quand mon père a entrepris la nouvelle église de Sainte-Geneviève, sous M. Soufflot,

---

(1) *Note du 18 mai 1827.* - Le 5 de ce mois, je suis sorti de mon auberge n'ayant que 6 liards dans ma bourse. J'avais affaire au bout de la rue Royale, nº 80. Je me suis senti pressé de la faim (une fringale); j'ai bu pour un sou d'eau-de-vie, croyant que cela me suffirait; vain espoir! toujours affamé, je me présente chez M. Verney, boulanger, rue d'Anjou, nº 33; je dis à une dame : *J'ai faim,* mais je n'ai que deux liards dans ma bourse; elle me donne du pain, et refuse mes deux liards. Je lui dis, en la remerciant bien, Madame, mon bisaïeul paternel était boulanger à Versailles en 1706; il donnait par semaine une fournée de pain aux pauvres du Vieux-Versailles, où était sa boulangerie : vous venez d'apaiser la faim de son petit-fils Antoine *Le Tellier,* âgé de 79 ans.

(2) Fille d'un *Oré* qui a été l'un des maîtres maçons du château de Versailles.

architecte (mon frère *et nous*, *il faut le dire* (1), lui avons succédé) ; il avait 6 sous dans 20 sous, 1/4 et 1/20es, 6 vingtièmes. Mon frère en succédant n'a eu qu'un quart d'intérêt et une des trois clés de la caisse de la société.

Mon frère Jean-François *Le Tellier l'aîné*, c'est ainsi que je le désignerai, comme moi sous mon prénom d'*Antoine*, et notre puîné sous celui d'*Alexandre* ;

De la succession duquel il s'agit :

Mon frère Jean-François était, je l'ai dit, aîné de la famille,

L'honorable famille *Le Tellier-Richer-Oré*, dont, je l'ai dit aussi, l'antique noblesse est la vertu, *de laquelle je m'honore de n'avoir pas dérogé*.

Mon frère Le Tellier l'aîné est décédé à l'âge de 48 ans, le 8 novembre 1790.

Le quart de sa succession, qui pouvait produire 300 mille livres, fait partie de celle de mon frère Alexandre.

Cette succession a été délaissée par mon frère Alexandre, qui a suivi dans son émigration son maître le comte d'Artois, à présent Charles X ; par ma sœur, qui habitait, à l'époque de la mort de mon frère aîné, une terre à Pressigny, où elle s'est chargée d'Agathe-Olympe *Auguste*, qui avait environ un an au 8 novembre 1790 ; par nos neveux *Bluteau* : mais elle a été maintenue par moi dans un *statu quo* juridique qui peut être encore utile ; par moi *Antoine*, à titre d'aîné depuis 35 ans de la famille dont j'ai l'honneur d'être né.

Le sixième des enfans de nos père et mère *Versaillais*, mariés en 1740, mon frère puîné de 4 ans, Alexandre, est décédé à l'âge de 72 à 73 ans ; ma sœur Adélaïde, célibataire, est à présent âgée de 74 à 75 ans.

Moi *Antoine* aurai, le 15 juin présent mois, atteint ma soixante-dix-huitième année (*en 1826, le 15 juin 1827 j'entrerai dans ma soixante-dix-neuvième année*).

---

(1) *Il faut le dire* demanderait une trop longue explication. Ma mère a voulu renoncer, pour elle et pour nous, à la société : *respect à sa volonté*. Elle a reçu 100,000 fr. des associés de mon père.

Je suis l'aîné de ma sœur de 1 an et ½; je l'étais d'Alexandre de 4 ans. Dans l'ordre de la nature il devait, et ma sœur doit me survivre.

Je n'ai jamais désiré leurs successions; je n'ai jamais démérité de mes frères et sœur, qui ont tous été mes débiteurs et mes obligés (1). J'ai fait pour eux d'immenses sacrifices : Alexandre me devait encore à son décès 200 fr. depuis 45 ans; j'ai sacrifié 75,000 fr. pour qu'il ne fût pas inscrit sur la liste des émigrés; et depuis il me dut la vie, en exposant la mienne.

Dans l'étude d'avoué, un clerc de Mᵉ Benoist a eu tort de me faire injure dans la requête du 28 avril, en me supposant des vues intéressées. Mais Mᵉ Benoist est avocat.

Dans ma bonhomie héréditaire, j'ai pensé, je pense, je penserai toujours, qu'un *avocat* est couvert de la *toge* et de l'hermine, que son cœur est pur comme sa profession est noble. Je crois que dans son cabinet et à cette audience, le noble et vertueux Mᵉ Benoist est *avocat*, que la robe de *procureur* et la plume de la chicane restent dans son *étude*.

Je suis loin de vouloir déverser de la défaveur sur les *avoués* du barreau de Versailles, où ils ont été *tous avocats*, et en ont les talens et les principes. Je vois en eux *tous* des *Lesieur*, des *Schayé*, qui m'ont donné leur ami Briaune, qui est aussi le mien à plus d'un titre.

La lutte modérée, circonspecte, indulgente, de la part de Mᵉ Briaune en mon nom, va commencer entre mon avocat et le défenseur de mes adversaires, qui sont :

1° Moralement et évidemment ma Sœur;

2° Effectivement et utilement, mais injustement, pour mademoiselle *Auguste* et Chartrin, à présent veuve Legendre, et pour made-

(1) Je suis bien loin de m'en enorgueillir, bien moins encore de leur faire reproche de mes services de *frère* et *d'ami*. Mais j'ai droit de me plaindre de la sœur qui me reste, de sa cruauté. Elle a dicté le testament qui me prive d'une amélioration bien nécessaire dans le sort de son malheureux frère Antoine *Le Tellier*, son frère *Desbordes* : elle l'a dicté avec *Olympe* et *Chartrin*.

Note du 18 mai 1827.

moiselle Auguste (*Agathe-Olympe*), adoptée par ma sœur : qui auraient à se partager plus de 60,000 francs, faisant, avec environ 40,000 fr. en pure perte dans le domaine de Gally, les 100,000 fr. de la fortune de mon frère Alexandre ;

Que ma sœur Adélaïde a voulu qu'il partageât entre Agathe-Olympe Auguste, fille de Catherine Auguste (père inconnu), et tel autre qu'il jugerait à propos, mais rien pour elle, lui demandant qu'il reconnût seulement qu'il y avait à elle à *Gally* de l'argenterie et quelques meubles; mais rien surtout pour monsieur Des Bordes (*Antoine Letellier*), qu'il faut laisser pauvre.

Mon frère Alexandre (*dans l'obsession*) a fait l'acte du 5 mars 1821, conforme au vœu de ma sœur Adélaïde, qui lui avait dit : « Donne ce que tu voudras à ta nièce Olympe, fille de notre frère aîné, et que j'ai faite mon héritière. »

En conséquence, ainsi *suggéré* et *influencé* par ces mots, *rien pour moi :* j'ai assez pour vivre; donner à Olympe, c'est donner à moi, .. *le convalescent Alexandre* a dicté : « Je donne et lègue à Agathe-Olympe Le Tellier, ma nièce, fille de Jean-François Le Tellier, mon frère aîné, 500 fr. de rente au capital de 10,000 fr., et en autres objets que j'évalue à environ 6000 ; tel est le legs *primitif* fait sous une fausse dénomination à la prétendue mademoiselle Letellier.

Et quant au surplus de sa fortune, il l'a donné à madame Legendre (son vertueux époux vivait le 5 mars 1821, et n'est décédé que vers la mi-avril de l'année 1825), à présent veuve *Legendre*, avant veuve Lelièvre, née *Chartrin*, intéressante abandonnée par sa mère au Petit-Montreuil, près la maison de M. *Descutre*, maison agricole que régissait pour lui mademoiselle *Mausais*, et où résidait presque toujours mon frère *Le Tellier de Sainte-Ville*.

Lors de ce malheur l'innocente Chartrin avait 18 mois ; elle a été dès ce moment l'enfant chéri de ma famille, et particulièrement de mon frère, âgé alors d'environ 20 ans. J'ai 4 ans de plus que mon frère Alexandre, dont j'ai approuvé la générosité; et je n'ai pas été de la famille LeTellier le moins affectionné et bienfaisant pour madame veuve

Legendre, qui semble l'avoir oublié, à présent qu'elle est parvenue à l'âge de 50 à 60 ans, et que moi, âgé de 78 ans, je suis infortuné.

« Mon avocat, Mᵉ Briaune, à Versailles, disais-je le 7 juin 1826; et si » l'appel a lieu en 1827 (ce que Dieu ne veuille!), je le dirai à mon » avocat à Paris, M. ***..... (1).

» Mon avocat, avocat célèbre à la Cour royale de Paris, fortifié par » une consultation des aigles du barreau de la capitale, fera connaître » le fait et les circonstances de l'entrée dans ma famille (la famille Le » Tellier-Richer-Oré), de ma nièce Chartrin à l'âge de 18 mois, inté- » ressante abandonnée par sa mère.

» Et depuis cette époque, honorable à ses bienfaiteurs, M. Descu- » tre, mademoiselle Mausais et mon frère (Sainville, ou de *Sainteville*, » à présent qu'il a nobilisé ce nom de comédie : il s'appelait Sainville, » comme moi Desbordes), alors âgé de 20 ans environ (ma mère » vivait, et elle est décédée en 1771); depuis cette époque, dis-je, » l'admission dans ma famille de Chartrin, de madame Le Lièvre, à pré- » sent madame veuve Legendre : de son entrée dans le monde où elle » brille et où elle dédaigne et repousse cruellement son bon oncle *An- » toine Le Tellier*, en se disant la fille de mon frère Alexandre.

» —Moi. Antoine Le Tellier, que madame Legendre affecte d'appe- » ler *Desbordes*, M. *Desbordes*, qui n'est plus son oncle, mais qui l'aime » toujours comme sa nièce, et n'a jamais démérité d'elle.

» Ma nièce oublie qu'en sa présence (lors du séjour de madame Per- » raud des Vosges, à Paris et à Versailles), à Versailles en présence de » M. et madame *Legendre* et de M. *Leleu de Lafontaine*, qui a été » invité par madame Blouin à me céder la place d'honneur, en face de » la maîtresse de maison.

» Tous les honneurs m'ont été rendus comme aîné de ma famille, » par madame *Blouin* et par mon frère *Sainteville*.

---

(1) *Nota bene.* — Ce qui aujourd'hui dépend de madame veuve Legendre, qui, je l'espère, cessera de se laisser guider par des conseillers coupables, mais bien payés par elle pour nous dépouiller.

» Mon frère *Le Tellier de Sainteville*, l'octogénaire *Legendre*, qui
» m'appelait son parent parce que son épouse était ma nièce et qu'il
» était trop âgé pour être mon neveu,

» Mon frère *de Sainteville*, mon honorable ami *Legendre*, vivaient
» en 1824; que ne sont-ils encore existans!

» Dieu a fait commencer pour eux l'éternité. Ils sont morts! j'ai
» pleuré sur leurs tombes. S'ils eussent continué de vivre, je n'aurais
» pas l'odieux procès auquel il faut mettre un terme.

» C'est au nom de Dieu et par leurs mânes que j'invoque la juste
» bienveillance de madame Legendre.

» Plus de procès; finissons amicalement cette procédure, et soyons
» parens et amis.

» *Dieu le veuille!*

» Plus de procès et la paix, la paix en famille, la paix de Dieu! La
» paix, la douce paix avec soi-même et avec les autres. *Amen.* »

Il sera forcé (mon avocat, Me Briaune) par la circonstance du legs de 15 à 16,000 fr. à l'autre premier légataire (Agathe-Olympe), d'expliquer le malheur de sa naissance et ses fâcheuses suites par rapport à sa mère (elle n'a pas demandé à naître, et les fautes sont personnelles); mais il prouvera par le testament de mon frère aîné, qu'*Alexandre*, mon frère puîné, l'a faussement qualifiée de fille de *Jean-François Le Tellier*.

Mais Olympe, sous un autre rapport, est la nièce de mon frère et la mienne, si une adoption légale l'a rendue héritière de ma sœur Adélaïde, qui l'a honorée du nom de sa fille.

Depuis longues années *Agathe-Olympe Auguste* est dénommée dans notre famille, dans la société, mademoiselle LeTellier(1) surtout à Versailles et à Gally, et sa mère adoptive (si adoption il y a) est appelée madame Le Tellier, l'honorable nom de ma mère que j'aime à donner

(1) Note du 18 mai 1827. — Je fais observer que, suivant mon caractère, *j'ai dit la vérité, dût-elle me nuire*, comme cela est arrivé; cette déclaration a été insérée dans le prononcé du 21 juin 1826. Je ne peux pas m'en repentir; et je la réitérerai en cause d'appel si l'affaire va jusque là.

à ma sœur, célibataire âgée de bientôt 75 ans, qui a dicté à mon frère Alexandre, à la fin d'une maladie où sa vie a été en danger, au commencement de l'an 1821, je dis ma sœur principalement, mais Olympe et Chartrin avaient un intérêt personnel à faire signer à mon frère, encore malade, à peine convalescent, l'acte pour lequel la bonne Louise, leur amie plutôt que la servante de M. et Mme Legendre, est allée chercher le notaire Me Brian, qui, malade lui-même, est venu leur prêter son ministère passif.

Les faits et mes moyens, monsieur le Président, messieurs les Juges, vont vous être exposés (1) par le jeune avocat du barreau de Versailles, qui va parler dans l'intérêt de ma cause, et surtout dans la manifestation du caractère que je professe depuis mon âge viril, par lequel je suis connu, que j'ai et que j'aurai jusqu'à la mort : *la franche et naïve bonhomie*.

Dans 23 ans je serai centenaire si Dieu me prête vie.

Par un concours de circonstances fâcheuses et de malheurs non mérités, je n'ai pour tout moyen d'existence que 1,333 fr. de pension de Sa Majesté, au ministère des finances, où j'ai été employé pendant 31 ans et un mois à la régie de l'enregistrement et des domaines, rue de Choiseul, n° 2, à Paris ; et 3 mois à la liquidation de la dette publique, où j'ai été placé par la section de Guillaume Tell, qui depuis a repris le nom et est à présent la Division du Mail; ci-devant, en 1789, district de la place Louis XIV ou des Victoires; section dont j'ai eu l'honneur d'être 12 mois secrétaire salarié de l'assemblée générale et primaire de la section, du 2 septembre 1792 au 1er septembre 1793.

« (J'ai pendant un an rédigé tous les procès-verbaux des assemblées » de ma section, où j'ai eu l'honneur d'être persécuté par les exagérés » des deux partis). »

(1) Cette faculté de continuer sa plaidoirie a été refusée à mon avocat. C'est un de mes griefs que j'appelle *déni de justice :* c'est un puissant moyen en cour d'appel, si l'appel a lieu.

Ma pension, comme on le sait, est viagère. Et je suis héritier pour un quart de mon frère aîné Jean-François, décédé le 8 novembre 1790; plus, depuis le 31 octobre 1825, héritier pour un tiers de mon frère puîné, Alexandre Le Tellier, de la succession duquel il s'agit.

Monsieur le Président, Messieurs, avant que je connusse le testament de mon frère, que Mᵉ Delapalme, notaire que j'avais choisi pour moi et mes cohéritiers, n'a pu recevoir que le 16 novembre, et qu'il m'a remis aussitôt, je partais pour retourner à Paris; je l'ai lu en route.

(Il y a un imprimé relatif à cette circonstance, je le déposerai sur l'autel de la justice avec le présent écrit : c'est ma lettre du 17 novembre 1825, à M. Aubry, juge de paix).

Long-temps avant que Mᵉ Lesieur eût découvert dans ce testament les vices de forme qui m'autorisent à en demander l'annulation, et depuis que je les connais;

Depuis surtout que j'ai fait enquête sur sa confection, et sur le rôle que chacun des acteurs du 5 mars 1821 a joué dans ce drame odieux, j'ai mis toutes mes facultés intellectuelles, j'ai fait tous mes efforts, j'ai employé et épuisé tous les moyens probables et possibles de conciliation, de transaction sur cet acte insoutenable au fond et vicieux dans la forme.

J'ai en vain, quoique je sois certain de la justice et par conséquent du succès d'une demande en nullité, j'ai inutilement, dis-je, offert d'immenses sacrifices à la paix en famille, et pour éviter à ma sœur bien-aimée et à ses protégées mes adversaires, un éclat scandaleux et une publicité redoutable pour ces dernières, auxquelles on peut appliquer l'adage *Is scelus fecit cui prodest ;*

Tout récemment encore j'ai imaginé de m'adresser à M. le chevalier de Marquet, membre de la légion d'honneur, chevalier de l'ordre royal et militaire de Saint-Louis.

J'ai appris de lui ce qu'on m'avait malignement laissé ignorer, l'Arrêté royal, une sorte de concession par Sa Majesté dans son domaine de la liste civile, et daté du 29 novembre 1825, qui a accordé à ma sœur la jouissance viagère que j'avais demandée le 6 novembre au Roi pour les héritiers du défunt, et surtout, ai-je dit dans mon placet au Roi, rédigé à Gally le 3 novembre, approuvé par ma sœur et par Olympe, présenté au Roi le 6 par notre neveu Bluteau, qui est l'aîné de la branche des Bluteau, et à ce titre héritier pour un tiers de mon frère Alexandre. Surtout, ai-je dit, *dans l'intérêt de ma sœur.*

J'ai appris par cet arrêté même, dont le chevalier de Marquet m'a donné lecture, que ma sœur, cumulativement avec moi, avait demandé cette concession viagère pour elle et pour mademoiselle Olympe Le Tellier: le Roi a donné l'usufruit de ce petit domaine, ou métairie embellie, à ma sœur; mais Sa Majesté en a refusé la survivance à mademoiselle Agathe-Olympe Auguste.

Mon vœu est rempli. C'était pour ma sœur, qu'en ma qualité d'aîné de la famille Le Tellier-Richer-Oré, j'avais

(faisant valoir les 30 à 40 mille francs versés par le défunt pour ce domaine qu'il a rendu un séjour charmant et utile à la liste civile)

c'était pour ma sœur que j'avais, le 3 novembre, à Gally, rédigé un placet approuvé par elle et par Olympe, en observant que cette demande était faite surtout *dans l'intérêt de ma sœur* et pour la prolongation de sa vie, pour laquelle le chagrin d'être éconduite par un nouveau concessionnaire, étranger à notre famille, pouvait être mortel.

Mon rival en demande, heureux par le succès dans l'intérêt de ma sœur, m'a dit qu'il ne savait pas que le concessionnaire décédé avait un frère, et un frère infortuné;

(Il ne m'a pas dit, mais il avait dans la pensée, sans doute, qu'il aurait demandé pour moi un supplément à ma pension insuffisante, à payer par ma sœur à son malheureux frère, sur ce domaine, dont sa direction aurait eu facilement un loyer de 1200 francs (ma-t-il dit.)

et de lui-même il a offert, il a déclaré qu'il irait de suite à Gally.

Inutile, mais qui n'en est pas moins pour moi une bienveillante démarche.

Ma sœur, et mademoiselle Olympe, qui, il faut le dire à sa

louange, est venue de suite à Versailles en participer à madame veuve Legendre (madame et mademoiselle Le Tellier), ont déclaré à M. le chevalier Marquet qu'elles en référeraient à cette dame.

Olympe est venue de suite déclarer que madame Legendre ne voulait entendre à aucune réduction des 2100 fr. de rente perpétuelle, prélèvement fait des 500 fr. pour mademoiselle Olympe, qui lui a en vain offert de supporter un tiers des 250 fr., au capital de 5000 fr., auquel je me restreignais,

Et 500 fr. en sus en argent, par les motifs les plus justes.

Vous voyez, messieurs, mon immense sacrifice à la paix. Madame Legendre a déclaré, et Olympe a rapporté au digne conciliateur, édifié de ma générosité, que madame Legendre se refuse à toute conciliation, dût-elle perdre et legs, et tout ce qu'elle possédait avant cet accroissement de fortune.

Il n'y a plus qu'à plaider.

J'ai confié ma cause à un avocat qui a l'éloquence du cœur et la conviction de mon bon droit,

Au jeune Mᵉ Briaune, mon vieil ami : l'amitié n'a pas d'âge.

Augustes magistrats! agréez mon humble hommage.

Je suis, avec le plus profond respect et une entière confiance,

de M. le Président et de MM. les Juges,

Le très-humble et très-obéissant serviteur

Antoine Le Tellier.

Messieurs de l'Imprimerie *Daumont* :

Vous avez compris, et tous les lecteurs comprendront facilement, que tout cet ouvrage est une *fiction*, dont la réalité est d'employer ce moyen, de toucher le cœur de ma sœur, et de déterminer madame veuve Legendre à me désintéresser.

Je ne désire que de briser ma plume, qui ne sera jamais trempée dans le fiel.

Mon cœur et mes bras leur sont ouverts. — J'attends d'abord ma nièce Olympe Le Tellier. Qu'elle soit messagère de paix, et je serai disposé à croire qu'elle a dans ses veines du sang Le Tellier.

J'ai fixé mon domicile à Versailles, rue des Deux-Portes, n° 11, près la rue au Pain, maison de M. Leroux, où j'ai un joli petit jardin (1) qui me fournira des fleurs pour entourer les tombes de mon frère Alexandre-Marie Le Tellier et de M. Legendre, inhumés près l'un de l'autre. Honneur à leurs mânes.

---

(1) Note faite le 31 mai, à *Monceaux*, où j'étais venu pour peu de jours.

J'observe ici que j'ai été forcé, *à Versailles*, par la tante de sœur Saint-Maxence, ma belle-fille, de résilier ce *joli petit jardin*, faisant partie du domicile que j'avais choisi le 10 mai pour ma sœur veuve Paves, née *Huret*, et pour moi.

Elle ne veut pas pour le présent quitter Paris, où elle a ses neveux, sa nièce et leurs enfans en bas âge; je ne veux pas la contraindre : mais j'ai loué un cabinet pour *mes archives*, où il y a une cheminée, qui n'est pas cher, 60 francs par an.

Je conserve à Monceaux, chez madame Paves, et à côté d'elle, mon mobilier très-modique; celui de madame Paves, de valeur, est très-joli; elle s'y plaît.

Je conserverai à Paris *mon domicile politique*, et continuerai de recevoir ma pension au Trésor royal.

Je transporte tous mes volumineux papiers à Versailles, où sera le centre de mes relations sociales.

Un jour, Dieu veuille que ce soit bientôt, mes pénibles affaires finies, celles des deux successions de mes deux frères, nous irons vivre tranquilles en province, pour ne nous séparer que par la mort.

Ce sera peut-être loin de *Versailles*; mais tant que j'en aurai la force, j'y reviendrai au moins tous les ans visiter les tombes révérées de mon frère Alexandre et de M. Legendre.

J'achèterai près de leurs tombeaux (j'en ai choisi la place), quantité suffisante de terre pour ma sépulture.

J'ordonnerai par mon testament que mon corps soit enterré dans le pays natal de mes père et mère, vis-à-vis des tombes de mon frère Alexandre-Marie Le Tellier, cinquième du nom depuis 150 ans, et du *bon père* l'honorable octogénaire Legendre.

Ma volonté à cet égard sera invariable; l'amitié, si ce n'est la parenté, l'exécutera religieusement.

CONCLUSION.

Envoi du présent Mémoire à ma Sœur, à Olympe Le Tellier, et à madame veuve Legendre.

INVOCATION A DIEU.

Que DIEU, dans sa bonté et miséricorde infinie, veuille, par sa grâce que j'implore à genoux, me préserver de la douleur, du chagrin indicible que me ferait éprouver la nécessité où je serais contraint, par une résistance invincible pour moi, de la part de ma bien-aimée sœur Adélaïde et de ma nièce (d'amitié) madame veuve Legendre.

A mon offre de paix et de la fin à l'amiable de la cruelle affaire si facile à terminer, en acceptant mon sacrifice des trois quarts de mon droit légitime à la succession de mon honorable et bien-aimé frère Alexandre Le Tellier.

Que Dieu veuille déterminer madame veuve Legendre à se contenter de ce qui lui restera des 54,000 francs (que j'ai découverts dans le grand-livre de la dette publique), et de ce qu'elle aura en sus de 2,700 francs de rente perpétuelle, prélèvement fait de 500 francs pour Olympe.

En accédant à ma demande si modérée des 5,500 francs mentionnés en mon imprimé du 7 juin 1826, j'avais dès le 7 janvier précédent fait la même modeste demande, qui a été portée à madame Legendre, écrite de ma main, par M. Julien, juge-de-paix, avant qu'il donnât défaut contre madame *Legendre* et contre *Olympe* (adoptée par ma sœur), et qui à ce titre seul peut être mademoiselle *Le Tellier*.

Dès-lors, d'après la démarche conciliante d'Olympe, à elle ordonnée par ma sœur, lors de la médiation de M. le *chevalier de Marquet*; dès-lors, dis-je, la paix était faite : il n'y aurait pas eu de procès, je me restreignais à 5,500 francs.

Somme modique sur le tout que j'abandonne par un sentiment que vous connaissez, que vous apprécierez, mesdames, et qui doit vous pénétrer de gratitude envers Dieu et envers moi, qui ne suis que l'organe du Très-Haut, le Dieu de paix.

Cédez à la volonté de Dieu.

Mais, ce qui me paraît dénué de toute vraisemblance, si vous persistez à la méconnaître, je serai forcé de recourir au tribunal de la justice de Dieu et du Roi, dont les magistrats de la Cour d'appel, la Cour royale de Paris, sont les organes.

Ma demande méconnue à Versailles me sera octroyée à Paris (beaucoup de personnes seraient compromises dans cette affaire).

Acceptez! alors je me désiste de mon appel, et la paix sera rétablie, la discorde n'existera plus. *Acceptez*, et recevez d'avance le tribut de ma gratitude.

Je vous bénis au nom de Dieu; j'embrasse ma sœur et mes nièces.

Salut et amitié.

Le *Bonhomme*.

JE DÉPOSE MON ORGUEIL AU PIED DE LA CROIX!

P. S. Je persiste à déclarer que je me restreins à 250 francs de rente. . . . . 5,000 fr.
Et en argent. 500

Total. 5,500

Fait et clos à Versailles, ce 10 juin 1827, Dimanche, jour de la SAINTE TRINITÉ.

Et je signe de nouveau.

FIN.

IMPRIMERIE DAUMONT, À VERSAILLES.

LE TELLIER. — CRI DE DOULEUR D'UN FRANÇAIS OPPRIMÉ VERS 18[illegible]

www.ingramcontent.com/pod-product-compliance
Ingram Content Group UK Ltd.
Pitfield, Milton Keynes, MK11 3LW, UK
UKHW021028260726
13994UKWH00005B/2015